D'accord! | 3

Langue et culture du monde francophone

VISTA
HIGHER LEARNING

Boston, Massachusetts

Printed in the United States of America.

ISBN: 978-1-60576-587-7

1 2 3 4 5 6 7 8 9 BB 15 14 13 12 11 10

Table of Contents

POUR COMMENCER

Leçon 1

1 **Positif ou négatif?** Écoutez Marthe parler des étudiants qui habitent dans sa résidence universitaire. Indiquez si chaque commentaire est **positif** ou **négatif**.

	positif	négatif			positif	négatif
1.	○	○		6.	○	○
2.	○	○		7.	○	○
3.	○	○		8.	○	○
4.	○	○		9.	○	○
5.	○	○		10.	○	○

2 **Réponses logiques** Écoutez ces personnes. Pour chaque commentaire, choisissez la réponse la plus logique.

_____ 1. a. On ne peut pas lui faire confiance.
b. Il faut tout partagér avec lui.
c. Ça ne devrait pas te gêner.

_____ 2. a. Ce n'est pas grave!
b. Ne t'inquiète pas! C'est passager!
c. Elle est sûrement jalouse.

_____ 3. a. Ils pensent que vous êtes trop jeunes.
b. Et pourquoi ne vous mariez-vous pas?
c. C'est trop de responsabilité, à mon avis!

_____ 4. a. Ils sont tombés amoureux.
b. C'est parce qu'ils sont veufs.
c. Tu crois qu'ils vont divorcer?

_____ 5. a. Tu cherches l'âme sœur, quoi!
b. À mon avis, tu devrais rompre avec elle.
c. Je ne comprends pas pourquoi tu as si peur de t'engager.

3 **Des conseils** Vous donnez toujours de bons conseils, alors vos amis viennent souvent vous demander votre avis. Donnez-leur des suggestions logiques.

Modèle

Ma meilleure amie dépense trop d'argent.
Dis-lui d'être plus économe.

1. _____
2. _____
3. _____
4. _____
5. _____

STRUCTURES

1.1 Spelling-change verbs

1 **Un message** Écoutez le message qu'Éric a laissé sur votre répondeur. D'abord, entourez les formes verbales que vous entendez, sauf les infinitifs. Ensuite, donnez les infinitifs qui leur correspondent.

achète	partagez	rappelle	commençons
rappellent	espèrent	achetez	préférez
essaient	rangeons	essaie	envoies
lèvent	partageons	envoie	nettoies
préfères	amène	espères	payons

1. _____ 6. _____

2. _____ 7. _____

3. _____ 8. _____

4. _____ 9. _____

5. _____ 10. _____

2 **À vous d'écrire** Pour chaque phrase, écrivez la forme verbale que vous entendez.

1. _____

2. _____

3. _____

4. _____

5. _____

6. _____

3 **Ma vie au lycée** Répondez aux questions que vous entendez par des phrases complètes.

1. _____

2. _____

3. _____

4. _____

5. _____

6. _____

Audio Activities

1.2 The irregular verbs *être*, *avoir*, *faire*, and *aller*

1 Les amis de Lucas Écoutez Lucas parler de ses amis de l'université. Indiquez le verbe utilisé.

	être	avoir	faire	aller
1.	○	○	○	○
2.	○	○	○	○
3.	○	○	○	○
4.	○	○	○	○
5.	○	○	○	○
6.	○	○	○	○
7.	○	○	○	○
8.	○	○	○	○

2 Ah bon? Mazarine et ses amis ont des problèmes. Écoutez ce qu'elle dit, puis répondez-lui à l'aide des éléments donnés.

> **Modèle**
>
> Carole ne me parle plus.
> être fâché
> *Ah bon? Carole est fâchée?*

1. avoir beaucoup de devoirs

   _____

2. ne plus lui faire confiance

   _____

3. aller mieux

   _____

4. ne plus être fiancés

   _____

5. être jalouse

   _____

6. ne pas avoir beaucoup d'amis

   _____

3 Des déductions Faites une déduction logique basée sur chaque situation. Utilisez **être, avoir, faire** ou **aller**. Il peut y avoir plusieurs bonnes réponses possibles.

> **Modèle**
>
> Stéphanie a rencontré l'âme sœur.
> *Elle est tombée amoureuse.*

1. _____

2. _____

3. _____

4. _____

5. _____

Leçon 1 Audio Activities **3**

1.3 Forming questions

Audio Activities

1 **Question ou affirmation?** Indiquez si chaque phrase que vous entendez est une **question** ou une **affirmation**.

	question	affirmation
1.	○	○
2.	○	○
3.	○	○
4.	○	○
5.	○	○
6.	○	○

2 **Reformulez** Écoutez ces personnes qui posent des questions à leurs amis. Reformulez les questions.

> **Modèle**
> Qu'est-ce qu'il fait?
> *Que fait-il?*

1. _____
2. _____
3. _____
4. _____
5. _____
6. _____

3 **Posez la question** Écrivez une question d'après la réponse de chaque personne. Il peut y avoir plus d'une possibilité.

> **Modèle**
> D'habitude, nous allons au café Marceau.
> *Où allez-vous, d'habitude? t*

1. _____
2. _____
3. _____
4. _____
5. _____
6. _____

LITTÉRATURE

1   Écoutez l'extrait et indiquez si ces affirmations sont **vraies** ou **fausses**.

	Vrai	Faux
1. Il fait beau ce jour-là.	○	○
2. Le poète est triste.	○	○
3. Le poète compare ses larmes aux nuages dans le ciel.	○	○
4. Le poète ne comprend pas l'émotion qu'il ressent.	○	○

2   Écoutez l'extrait et indiquez si ces affirmations sont **vraies** ou **fausses**.

	Vrai	Faux
1. Le poète compare le bruit de la pluie aux battements de son cœur.	○	○
2. Le bruit de la pluie agace le poète.	○	○
3. Le poète est très occupé.	○	○
4. Pour le poète, la pluie qui tombe ressemble à de la musique.	○	○

3   Écoutez l'extrait et indiquez si ces affirmations sont **vraies** ou **fausses**.

	Vrai	Faux
1. Le poète est malade.	○	○
2. Le poète a été trahi.	○	○
3. Le poète sait pourquoi il est triste.	○	○
4. Le poète est aussi triste que si quelqu'un était mort.	○	○

4   Écoutez l'extrait et indiquez si ces affirmations sont **vraies** ou **fausses**.

	Vrai	Faux
1. Le poète n'a jamais été aussi triste.	○	○
2. Le poète n'est pas amoureux.	○	○
3. Le poète déteste quelqu'un.	○	○
4. L'émotion principale de ce poème est le regret.	○	○

VOCABULAIRE

Les relations personnelles

Maintenant, vous allez entendre le vocabulaire qui est dans votre livre, à la fin de la leçon. Écoutez et répétez.

POUR COMMENCER

Leçon 2

1 **Des indications** Écoutez les indications du policier et mettez un X devant les phrases correctes.

_____ 1. Le piéton cherche le palais de justice.

_____ 2. L'hôtel de ville se trouve à côté du palais de justice et de la préfecture de police.

_____ 3. Le policier suggère au piéton de prendre le bus.

_____ 4. Il faut passer sur un pont.

_____ 5. L'hôtel de ville est à côté d'une station de métro.

2 **Citadins** Écoutez chaque phrase et entourez (*circle*) l'adjectif qui décrit le mieux la situation. Ensuite, réécrivez la phrase avec cet adjectif.

> **Modèle**
>
> Métro, boulot, dodo: c'est ma vie de tous les jours.
> plein / quotidien / inattendu
> *Métro, boulot, dodo: c'est ma vie quotidienne.*

1. quotidien / bruyant / sûr

_____

2. sûr / peuplé / inattendu

_____

3. vide / animé / privé

_____

4. plein / bruyant / privé

_____

5. inattendu / peuplé / vide

_____

3 **Projets de week-end** Écoutez la conversation, puis répondez aux questions par des phrases complètes.

1. Qu'est-ce qu'Alice va faire samedi matin?

_____

2. Et samedi après-midi, que va-t-elle faire?

_____

3. Où est-ce que Simon et ses amis vont dîner samedi soir?

_____

4. Qu'est-ce que Simon propose à Alice?

_____

5. À quelle heure vont-ils se retrouver?

_____

STRUCTURES

2.1 Reflexive and reciprocal verbs

1 **À vous de choisir** Écoutez chaque phrase et indiquez si le verbe est **pronominal** ou **non-pronominal**. Ensuite, écrivez l'infinitif de chaque verbe.

	pronominal	non-pronominal	
1.	○	○	_____
2.	○	○	_____
3.	○	○	_____
4.	○	○	_____
5.	○	○	_____
6.	○	○	_____

2 **Actions réciproques** Écoutez les deux phrases, puis faites-en une seule à l'aide de la forme correcte de l'un l'autre.

Modèle

Patrice regarde Marc. Marc regarde Patrice.
Ils *se regardent* l'un l'autre.

1. _____
2. _____
3. _____
4. _____
5. _____

3 **Vos habitudes** Répondez aux questions que vous entendez par des phrases complètes.

1. _____
2. _____
3. _____
4. _____
5. _____
6. _____

2.2 Descriptive adjectives and adjective agreement

1 **Le logement de Max** Écoutez Max parler de son logement. Mettez un X à côté des adjectifs qui décrivent correctement son appartement ou son quartier.

_____ animé   _____ calme   _____ grand

_____ beau   _____ cher   _____ nouveau

_____ bruyant   _____ dangereux   _____ vieux

2 **On est semblable** Gabriel et ses amis sont très semblables. Faites des phrases pour les décrire.

> **Modèle**
> Gabriel est petit.
> Sabine et Olivia
> *Sabine et Olivia sont petites aussi.*

1. Juliette

_____

2. Marc et Henri

_____

3. Stéphanie et Pierre

_____

4. Janine

_____

5. Mona et Laure

_____

3 **Vous vous trompez!** Écoutez chaque question et répondez-y à l'aide de l'adjectif contraire. Attention au placement des adjectifs!

> **Modèle**
> C'est une ville calme?
> ville / animé
> *Non, c'est une ville animée.*

1. rue / public

_____

2. voiture / vieux

_____

3. immeuble / grand

_____

4. quartier / dangereux

_____

5. restaurant / plein

_____

Audio Activities

2.3 Adverbs

1 **Les amis de Raphaël** Écoutez Raphaël, puis dites comment ses amis font ces choses, à l'aide d'adverbes.

> **Modèle**
>
> Salim est attentif.
> écouter
> Il *écoute attentivement.*

1. conduire

_____

2. comprendre

_____

3. faire les choses

_____

4. parler anglais

_____

5. parler

_____

2 **Le bon choix** Écoutez les conversations et choisissez l'adverbe qui complète chaque phrase.

1. Martine doit conduire plus _____.
   a. vite   b. lentement   c. brièvement

2. Carole doit parler plus _____ à son petit frère.
   a. gentiment   b. doucement   c. mal

3. Annabelle veut _____ aller au cinéma.
   a. peut-être   b. constamment   c. rarement

4. _____, Claude n'a pas trouvé de logement.
   a. Heureusement   b. Soudain   c. Malheureusement

5. Noémie ne veut pas sortir avec ses amis parce que la soirée va finir _____.
   a. tard   b. souvent   c. bientôt

3 **Vos habitudes** Répondez aux questions que vous entendez par des phrases complètes à l'aide des adverbes donnés.

1. _____

2. _____

3. _____

4. _____

5. _____

LITTÉRATURE

1 Écoutez l'extrait et indiquez si ces affirmations sont **vraies** ou **fausses**.

	Vrai	Faux
1. Les cœurs sont fatigués.	O	O
2. La Cinémathèque est fermée.	O	O
3. Les idées circulent librement.	O	O
4. Seule l'université reste ouverte.	O	O
5. Le poème traite de l'oppression.	O	O

2 Écoutez l'extrait et indiquez si ces affirmations sont **vraies** ou **fausses**.

	Vrai	Faux
1. On dit toujours la vérité aux gens.	O	O
2. La police facilite la communication.	O	O
3. Le gouvernement se rebelle.	O	O
4. Les jeunes ne peuvent plus s'exprimer.	O	O
5. Le gouvernement approuve la rébellion.	O	O

3 Écoutez l'extrait et indiquez si ces affirmations sont **vraies** ou **fausses**.

	Vrai	Faux
1. Les jeunes refusent d'être vaincus.	O	O
2. Finalement, les jeunes abandonnent.	O	O
3. Tout était honnête et vrai par le passé.	O	O
4. Il faut être solidaire.	O	O
5. Les jeunes veulent être libres.	O	O

4 Écoutez l'extrait et indiquez si ces affirmations sont **vraies** ou **fausses**.

	Vrai	Faux
1. Les gens se fâchent.	O	O
2. L'Odéon est vide.	O	O
3. Il y a plusieurs acteurs.	O	O
4. L'Homme providentiel est le héros d'un drame récent.	O	O
5. Prévert critique le comportement des gens.	O	O

VOCABULAIRE

En ville

Maintenant, vous allez entendre le vocabulaire qui est dans votre livre, à la fin de la leçon. Écoutez et répétez.

POUR COMMENCER

1 **Définitions** Écoutez les définitions et associez-les aux mots ou expressions correspondants.

1. _____   a. la publicité
2. _____   b. la couverture
3. _____   c. la censure

4. _____   d. un(e) critique de cinéma
5. _____   e. un mensuel
6. _____   f. les sous-titres

2 **Les médias** Écoutez chaque phrase et dites si elle est **logique** ou **illogique**. Ensuite, corrigez les phrases illogiques.

> **Modèle**
>
> Les téléspectateurs jouent dans des films.
> logique / illogique
> *Les vedettes de cinéma jouent dans des films.*

1. logique / illogique

    _____

2. logique / illogique

    _____

3. logique / illogique

    _____

4. logique / illogique

    _____

5. logique / illogique

    _____

6. logique / illogique

    _____

3 **La presse** Une journaliste interroge un jeune homme dans la rue. Écoutez leur conversation et répondez aux questions par des phrases complètes.

1. Est-ce que le jeune homme lit souvent le journal? Pourquoi?

    _____

2. Qu'est-ce qu'il lit le week-end pour s'informer?

    _____

3. Quels articles est-ce qu'il lit, d'habitude?

    _____

4. Est-ce qu'il lit souvent les nouvelles sur Internet? Pourquoi?

    _____

5. Quel autre type de lecture mentionne-t-il?

    _____

STRUCTURES

3.1 The *passé composé* with *avoir*

1   **C'est à quel temps?** Écoutez chaque phrase et indiquez si la personne parle au **passé** ou au **présent**.

	passé	présent
1.	○	○
2.	○	○
3.	○	○
4.	○	○
5.	○	○
6.	○	○

2   **C'est arrivé hier.** Isabelle pense que ce dont elle parle va se passer aujourd'hui, mais en fait, tout est déjà arrivé. Utilisez le passé composé pour corriger les phrases.

> **Modèle**
>
> TF1 va retransmettre le match de football.
> Mais non, TF1 a déjà retransmis le match de football.

1. _____

2. _____

3. _____

4. _____

5. _____

3   **Et vous?** Répondez aux questions que vous entendez par des phrases complètes. Employez le passé composé.

1. _____

2. _____

3. _____

4. _____

5. _____

6. _____

3.2 The *passé composé* with *être*

1 **Le journal** Votre ami Hector vous résume les articles qu'il a lus dans le journal de ce matin. Indiquez s'il utilise l'auxiliaire **avoir** ou l'auxiliaire **être** dans ses phrases.

	avoir	être
1.	○	○
2.	○	○
3.	○	○
4.	○	○
5.	○	○
6.	○	○

2 **Les bonnes terminaisons** Irène décrit les activités de ses amis. Pour chaque phrase que vous entendez, notez l'auxiliaire et le participe passé appropriés. Attention aux terminaisons!

1. _____ _____
2. _____ _____
3. _____ _____
4. _____ _____
5. _____ _____
6. _____ _____
7. _____ _____

3 **Le contraire** Votre ami Martin est un peu distrait aujourd'hui et il se trompe. Dites le contraire de ce qu'il affirme pour le corriger.

Modèle
Jérôme est rentré?
Non, il *est sorti.*

1. _____
2. _____
3. _____
4. _____
5. _____

Leçon 3 Audio Activities **15**

Audio Activities

3.3 The *passé composé* vs. the *imparfait*

1 **Passé composé ou imparfait?** Écoutez chaque phrase et indiquez si la personne qui parle utilise le passé composé ou l'imparfait.

	passé composé	imparfait
1.	○	○
2.	○	○
3.	○	○
4.	○	○
5.	○	○
6.	○	○

2 **Continuations** Vous allez entendre le début de plusieurs phrases. Terminez-les à l'aide des éléments donnés. Attention! Il faut choisir entre le passé composé et l'imparfait.

> **Modèle**
> Je regardais un documentaire à la télévision quand...
> je / entendre le téléphone sonner
> *Je regardais un documentaire à la télévision quand j'ai entendu le téléphone sonner.*

1. je / le voir / dix fois

2. il / acheter / une télévision

3. elles / lire / toujours / leur horoscope

4. tu / entendre / un bruit bizarre

5. nous / être / petits

6. vous / aller / à Paris

3 **Et si c'était arrivé hier?** Nicolas, un étudiant français, vous décrit plusieurs événements. Refaites chaque phrase au passé composé ou à l'imparfait.

> **modèle**
> Le Premier ministre est furieux contre le ministre de l'Éducation.
> *Le Premier ministre était furieux contre le ministre de l'Éducation.*

1. _____
2. _____
3. _____
4. _____
5. _____
6. _____

LITTÉRATURE

1 Écoutez l'extrait et indiquez si ces affirmations sont **vraies** ou **fausses**.

	Vrai	Faux
1. L'auteur parle d'une époque finie.	○	○
2. Les publicités sont réservées à la ville.	○	○
3. L'auteur compare la propagation des publicités à une invasion.	○	○
4. L'œil humain n'était pas autant stimulé avant.	○	○

2 Écoutez l'extrait et indiquez si ces affirmations sont **vraies** ou **fausses**.

	Vrai	Faux
1. Chaque personne voit environ 350.000 publicités par an.	○	○
2. Le silence est en danger.	○	○
3. Bouygues Telecom propose de payer ses utilisateurs pour qu'ils écoutent des publicités pendant leurs conversations téléphoniques.	○	○
4. L'auteur pense que le nouveau forfait de Bouygues est une bonne idée.	○	○

3 Écoutez l'extrait et indiquez si ces affirmations sont **vraies** ou **fausses**.

	Vrai	Faux
1. L'auteur ne pense pas que les sonneries de portables soient harmonieuses.	○	○
2. L'auteur se compare à Platon.	○	○
3. Dans sa comparaison, la télévision est une caverne.	○	○
4. Selon l'auteur, la télévision représente bien la réalité.	○	○

Audio Activities

VOCABULAIRE

L'univers médiatique

Maintenant, vous allez entendre le vocabulaire qui est dans votre livre, à la fin de la leçon. Écoutez et répétez.

POUR COMMENCER

1 **Les informations** Écoutez les informations à la radio et mettez un X devant les sujets mentionnés.

_____ 1. un kidnapping   _____ 5. un président

_____ 2. un scandale politique   _____ 6. la violence

_____ 3. des élections   _____ 7. une guerre civile

_____ 4. le terrorisme   _____ 8. une nouvelle loi

2 **Politique et société** Écoutez chaque définition et entourez le mot qui lui correspond. Ensuite, choisissez un des deux mots qui restent et faites une phrase.

> **Modèle**
>
> Le gouvernement n'est pas juste et les gens sont opprimés.
> une démocratie /(une dictature)/ une loi
> *Dans une démocratie, les gens sont libres.*

1. la guerre / la sécurité / une croyance

   _____

2. un scandale / la victoire / un abus de pouvoir

   _____

3. un drapeau / un juge / la peur

   _____

4. sauver / espionner / enlever

   _____

3 **Un reportage** Gilles pose des questions à Amina, une jeune femme d'origine marocaine. Écoutez la conversation, puis répondez aux questions par des phrases complètes.

1. Quelle est la profession d'Amina?

   _____

   _____

2. Pourquoi a-t-elle choisi cette profession?

   _____

   _____

3. Dans quel domaine est-elle spécialisée?

   _____

   _____

4. Quels sont les trois problèmes contre lesquels Amina lutte?

   _____

   _____

5. Qui défend-elle surtout?

   _____

   _____

Audio Activities

STRUCTURES

4.1 The *plus-que-parfait*

1 **Quel verbe?** Écoutez chaque phrase et entourez l'infinitif du verbe qui est au plus-que-parfait.

1. savoir / voter / décider / voir

2. aller / profiter / voler / partir

3. entendre / dire / être / retirer

4. annoncer / décider / emprisonner / déclarer

5. connaître / commencer / vouloir / se consacrer

2 **Déjà arrivé!** On vous pose des questions sur la Deuxième Guerre mondiale. Répondez par des phrases complètes au plus-que-parfait. Utilisez **déjà** dans vos réponses.

> **Modèle**
>
> La Deuxième Guerre mondiale a commencé en 1940?
> *Non, en 1940, elle avait déjà commencé.*

1. _____

2. _____

3. _____

4. _____

5. _____

3 **Le bon ordre** Écoutez les deux phrases, puis indiquez l'ordre logique des deux actions. Ensuite, combinez les deux phrases pour en faire une seule. Utilisez le plus-que-parfait pour l'action la plus éloignée dans le passé.

> **Modèle**
>
> a. La loi a été approuvée.
> b. Le député a proposé une loi.
> b, a
> *La loi, que le député avait proposée, a été approuvée.*

1. _____

   _____

2. _____

   _____

3. _____

   _____

4. _____

   _____

5. _____

   _____

4.2 Negation and indefinite adjectives and pronouns

1 **Au négatif?** On parle des élections. Écoutez les commentaires et indiquez si vous entendez une expression négative ou pas.

	oui	non
1.	○	○
2.	○	○
3.	○	○
4.	○	○
5.	○	○
6.	○	○

2 **On n'est pas d'accord!** Votre ami parle d'un homme politique. Écrivez l'inverse de ce qu'il dit.

1. _____

2. _____

3. _____

4. _____

5. _____

3 **Selon vous, ...** Répondez à chaque question à l'aide des éléments donnés.

Modèle

Une grande partie des étudiants ont voté? oui
la plupart
Oui, la plupart des étudiants ont voté.

tous	un autre	plusieurs	tout
quelques-uns	certains	tous les	autres

1. oui

_____

2. non

_____

3. oui

_____

4. non

_____

5. oui

_____

Leçon 4 Audio Activities

4.3 Irregular *-ir* verbs

1 **Au tribunal** Écoutez l'interview d'une jurée à la sortie du tribunal et entourez tous les verbes irréguliers en -ir. Ensuite, écrivez-les sous la forme que vous entendez.

appartenir	devenir	ouvrir	sortir
courir	dormir	partir	souffrir
couvrir	maintenir	revenir	tenir
découvrir	offrir	sentir	venir

1. _____ 4. _____ 7. _____ 10. _____

2. _____ 5. _____ 8. _____ 11. _____

3. _____ 6. _____ 9. _____ 12. _____

2 **Vrai ou faux?** D'après l'interview que vous venez d'écouter, indiquez si les phrases que vous entendez sont **vraies** ou **fausses**. Corrigez les fausses.

1. Vrai   Faux

_____

2. Vrai   Faux

_____

3. Vrai   Faux

_____

4. Vrai   Faux

_____

5. Vrai   Faux

_____

3 **Coupable** Écoutez à nouveau l'interview, puis répondez aux questions par des phrases complètes.

1. _____

2. _____

3. _____

4. _____

5. _____

6. _____

7. _____

8. _____

LITTÉRATURE

1 Écoutez l'extrait et indiquez si ces affirmations sont **vraies** ou **fausses**.

	Vrai	Faux
1. Il y a eu un crime dans le village.	○	○
2. Il y a plusieurs chiens dans le village.	○	○
3. Quelqu'un a enlevé un chien.	○	○
4. Le boucher est probablement le voleur.	○	○
5. Les chiens pensent que le coupable est un autre chien.	○	○

2 Écoutez l'extrait et indiquez si ces affirmations sont **vraies** ou **fausses**.

	Vrai	Faux
1. Il y a deux sortes de chiens dans le village.	○	○
2. Les chiens à collier et les chiens sans collier sont amis.	○	○
3. Les chiens sans collier sont propres.	○	○
4. Les chiens à collier sont gros.	○	○
5. Tout le monde pense que le voleur est un chien à collier.	○	○

3 Écoutez l'extrait et indiquez si ces affirmations sont **vraies** ou **fausses**.

	Vrai	Faux
1. Le boucher a trouvé beaucoup d'indices.	○	○
2. Un petit chien sale arrive dans le village.	○	○
3. Le petit chien est un des chiens à collier.	○	○
4. Le petit chien connaît le coupable.	○	○
5. Tout le monde accuse le petit chien sale.	○	○

4 Écoutez l'extrait et indiquez si ces affirmations sont **vraies** ou **fausses**.

	Vrai	Faux
1. Le boucher attaque le petit chien.	○	○
2. Les autres chiens défendent le petit chien.	○	○
3. Le petit chien est emprisonné.	○	○
4. Le boucher espère que le chien ne recommencera pas.	○	○
5. Les chiens à collier et les chiens sans collier sont traités de la même façon dans ce village.	○	○

VOCABULAIRE

La justice et la politique

Maintenant, vous allez entendre le vocabulaire qui est dans votre livre, à la fin de la leçon. Écoutez et répétez.

POUR COMMENCER

Audio Activities

1 **De quoi parlent-ils?** Écoutez la conversation entre Muriel et Yves, deux étudiants en sociologie à l'Université de Québec, et entourez les sujets mentionnés.

le chaos	une langue officielle	le patrimoine culturel
le courage	le mal du pays	une polémique
la diversité	la mondialisation	le travail manuel
l'instabilité	la natalité	les valeurs

2 **Positif ou négatif?** Une journaliste pose des questions à des jeunes. Indiquez si chaque personne interviewée a une opinion **positive** ou **négative** sur le sujet discuté.

Modèle

—À votre avis, la mondialisation est une bonne chose?
—Pas vraiment. Je pense que les pays riches continuent à s'enrichir et dans les pays pauvres, c'est toujours le chaos.
positif (négatif)

1. positif   négatif
2. positif   négatif
3. positif   négatif
4. positif   négatif
5. positif   négatif

3 **Intégration** Écoutez Mohammed parler de l'arrivée de sa famille en France. Ensuite, lisez les affirmations et corrigez-les à l'aide de phrases complètes.

1. La langue maternelle des parents de Mohammed est le français.

_____

2. Le père de Mohammed a trouvé un travail dans une université.

_____

3. La famille de Mohammed s'est immédiatement enrichie.

_____

4. Les parents de Mohammed et les Français avaient les mêmes principes.

_____

5. La famille de Mohammed a tout de suite été acceptée.

_____

6. Aujourd'hui, les parents de Mohammed se sentent toujours seuls et rejetés.

_____

STRUCTURES

5.1 Partitives

1 **Partitif?** Écoutez et indiquez si chaque phrase contient un article partitif ou pas, puis écrivez-le.

1. oui   non   _____
2. oui   non   _____
3. oui   non   _____
4. oui   non   _____
5. oui   non   _____

2 **À l'épicerie** Vous passez un semestre en France et vous faites des courses à l'épicerie. Écoutez les questions de l'épicière et choisissez une quantité logique pour y répondre.

Modèle

Vous voulez du lait?
Oui, un litre de lait, s'il vous plaît.

1. _____
2. _____
3. _____
4. _____
5. _____

3 **Un débat** Écoutez les questions posées pendant un débat sur l'immigration, puis répondez par oui ou par non. Chaque mot de la liste ne doit être utilisé qu'une seule fois.

Modèle

Est-ce que beaucoup d'émigrés ont des problèmes d'assimilation?
oui
Oui, bien des émigrés ont des problèmes d'assimilation.

| assez | la plupart | quelques |
| certains | plusieurs | trop |

1. non
_____

2. oui
_____

3. oui
_____

4. non
_____

5. oui

5.2 The pronouns *y* and *en*

1 **Y ou en?** Écoutez les questions et indiquez si on doit employer **y** ou **en** dans la réponse, puis écrivez-la.

	y	en
1.	○	○
2.	○	○
3.	○	○
4.	○	○
5.	○	○

1. Oui, _____ .

2. Non, _____

3. Oui, _____

4. Oui, _____

5. Non, _____

2 **Réponses logiques** Amadou est un jeune immigré sénégalais très timide qui vient juste d'arriver en France. Répondez de façon logique à chaque question. Employez **y** ou **en**.

> *Modèle*
>
> Amadou veut habiter en France?
> *Oui, il veut y habiter.*

1. _____

2. _____

3. _____

4. _____

5. _____

3 **À vous!** Maintenant, répondez aux questions qu'on vous pose au sujet de vos idées personnelles et de votre avenir.

> *Modèle*
>
> Tu penses souvent au but de ta vie?
> *Oui, j'y pense souvent. / Non, je n'y pense pas souvent.*

1. _____

2. _____

3. _____

4. _____

5. _____

Leçon 5 Audio Activities **27**

5.3 Order of pronouns

1   **Faits divers** Écoutez ces personnes qui discutent d'événements divers et classez les pronoms dans l'ordre où vous les entendez dans la deuxième phrase de chaque mini-conversation.

1. y _____   nous _____   en _____
2. en _____   leur _____
3. me _____   lui _____   le _____
4. la _____   nous _____   en _____

2   **Plus concis** Reformulez chaque phrase que vous entendez. Utilisez les pronoms dans le bon ordre.

1. y / le

_____

2. leur / en

_____

3. le / lui

_____

4. lui / le

_____

5. leur / le

_____

3   **Questions** Répondez de façon logique aux questions que vous entendez et remplacez les noms par les pronoms appropriés.

> **Modèle**
> Les immigrés écrivent souvent des lettres aux membres de leur famille?
> oui
> Oui, ils leur en écrivent souvent.

1. oui

_____

2. non

_____

3. oui

_____

4. oui

_____

5. non

_____

LITTÉRATURE

1 Écoutez l'extrait et indiquez si ces affirmations sont **vraies** ou **fausses**.

	Vrai	Faux
1. Yaba avait beaucoup de courage.	○	○
2. Avant la mort de son mari, Yaba avait vécu dans le luxe.	○	○
3. Yaba n'est jamais parvenue à gagner de l'argent.	○	○
4. Au marché, les femmes vendaient des vêtements.	○	○
5. Yaba se sentait rejetée par les autres femmes.	○	○

2 Écoutez l'extrait et indiquez si ces affirmations sont **vraies** ou **fausses**.

	Vrai	Faux
1. Au début, le marché avait beaucoup de succès.	○	○
2. Yaba a décidé d'aller s'établir dans une grande ville.	○	○
3. Certaines personnes ont commencé à critiquer le marché.	○	○
4. La situation au marché a continué à s'améliorer.	○	○
5. Les vendeuses et les clients ont été victimes d'une agression.	○	○

3 Écoutez l'extrait et indiquez si ces affirmations sont **vraies** ou **fausses**.

	Vrai	Faux
1. On comprenait mal la raison de l'attaque du marché.	○	○
2. Les femmes se sont révoltées.	○	○
3. Les rues du quartier sont devenues très animées.	○	○
4. Yaba a quitté la ville.	○	○
5. Les gens avaient peur de sortir de chez eux.	○	○

4 Écoutez l'extrait et indiquez si ces affirmations sont **vraies** ou **fausses**.

	Vrai	Faux
1. Le niveau d'insécurité a beaucoup baissé dans les rues.	○	○
2. Un jour, les valeurs de Yaba ont changé.	○	○
3. Yaba a refusé d'abandonner son rêve.	○	○
4. Yaba n'a jamais réussi à s'adapter à la situation.	○	○
5. Yaba pense qu'il faut toujours garder espoir.	○	○

VOCABULAIRE

Crises et horizons

Maintenant, vous allez entendre le vocabulaire qui est dans votre livre, à la fin de la leçon. Écoutez et répétez.

POUR COMMENCER

1 **Vrai ou faux?** Écoutez les affirmations au sujet de la famille Durand/Desmoulins et indiquez si elles sont vraies (**V**) ou fausses (**F**).

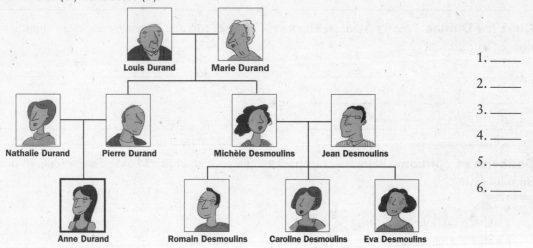

1. ____
2. ____
3. ____
4. ____
5. ____
6. ____

2 **C'est logique?** Écoutez chaque scénario et dites si la réaction est **logique** ou **illogique**. Corrigez les phrases illogiques.

> **Modèle**
> Les enfants des Martin sont mal élevés. Leur mère les remercie souvent.
> logique / (illogique)
> Elle les punit souvent.

1. logique / illogique

_____

2. logique / illogique

_____

3. logique / illogique

_____

4. logique / illogique

_____

3 **Souvenirs** Sabine et Martin parlent de leur jeunesse. Écoutez la conversation, puis répondez aux questions.

1. Quels rapports Martin avait-il avec ses parents?

_____

2. Comment était Martin quand il était enfant?

_____

3. Est-ce que Sabine était une enfant facile?

_____

4. Comment sont les rapports de Sabine avec ses parents aujourd'hui?

_____

5. Comment Sabine élève-t-elle sa fille?

_____

STRUCTURES

6.1 The subjunctive: impersonal expressions; will, opinion, and emotion

1   **Chez les Dumas** Écoutez Madame Dumas parler à ses enfants. Notez les verbes au subjonctif, puis donnez leur infinitif.

1. _____ _____   4. _____ _____

2. _____ _____   5. _____ _____

3. _____ _____   6. _____ _____

2   **Souhaits et opinions** Reformulez les phrases que vous entendez à l'aide des expressions données et du subjonctif.

> **Modèle**
>
> J'espère qu'il va pleuvoir.
> il est indispensable
> *Il est indispensable qu'il pleuve.*

1. je ne pense pas

   _____

2. il faut

   _____

3. il est bon

   _____

4. il vaut mieux

   _____

5. je souhaite

   _____

6. je veux

   _____

3   **Réactions** Vous discutez avec des amis. Réagissez à ce qu'ils vous disent. Employez une expression appropriée et le subjonctif.

> **Modèle**
>
> Mon grand-père est mort la semaine dernière.
> *Je suis désolé(e) que ton grand-père soit mort.*

1. Je regrette _____.

2. Je suis content(e) _____.

3. Il n'est pas normal _____.

4. Il est dommage _____.

5. Ce n'est pas possible _____.

6.2 Demonstrative pronouns

1 **C'est qui?** Une amie vous décrit les membres de sa famille. Indiquez de qui elle parle.

1. _____
   a. sa cousine Nicole   b. son frère   c. ses parents

2. _____
   a. sa mère   b. son frère   c. ses tantes

3. _____
   a. ses tantes   b. sa mère   c. ses neveux

4. _____
   a. sa cousine Claire   b. ses sœurs   c. son oncle et sa tante

5. _____
   a. son oncle   b. sa demi-sœur   c. ses cousins

6. _____
   a. son frère et sa belle-sœur   b. son frère   c. sa mère

2 **Préférences** Utilisez des pronoms démonstratifs pour répondre aux questions.

> **Modèle**
>
> Quels hypermarchés préférez-vous?
> on vend des produits biologiques / on ne vend pas de produits biologiques
> *Je préfère ceux où on vend des produits biologiques.*

1. sont bons pour la santé / sont faciles à préparer

   _____

2. restent ouvertes tard / ont de bons prix

   _____

3. est strict / est sympathique

   _____

4. est grande et animée / est petite et calme

   _____

5. où il fait chaud / où il y a des monuments historiques

   _____

3 **Vos définitions** Donnez une définition de ces personnes et employez un pronom démonstratif.

> **Modèle**
>
> un enfant bien élevé
> *Un enfant bien élevé, c'est celui qui respecte ses parents.*

1. _____
2. _____
3. _____
4. _____
5. _____

Leçon 6 Audio Activities

6.3 Irregular -re verbs

1 **Une famille unie** Écoutez Théodore qui vous explique pourquoi les membres de sa famille s'entendent bien et entourez les infinitifs des verbes en **–re**. Ensuite, écrivez-les sous la forme que vous entendez.

se comprendre	dire	mettre	prendre
croire	s'entendre	se plaindre	rire

1. _____   4. _____   7. _____

2. _____   5. _____   8. _____

3. _____   6. _____   9. _____

2 **Mais non, tu te trompes!** Vos amis comprennent tout de travers. Corrigez ce qu'ils disent à l'aide des mots donnés.

> **Modèle**
> Ton ami et toi, vous conduisez une voiture beige?
> nous / une voiture bleue
> *Mais non, nous conduisons une voiture bleue.*

1. je / l'italien

_____

2. tu / ma grand-mère paternelle

_____

3. je / à la fromagerie

_____

4. nous / des magazines

_____

5. il / un cours de maths

_____

6. ma mère / des e-mails

_____

3 **Au lycée** Une journaliste veut vous interviewer au sujet de votre expérience au lycée. Répondez à ses questions. Utilisez des pronoms.

1. _____

2. _____

3. _____

4. _____

5. _____

Audio Activities

LITTÉRATURE

1 Écoutez l'extrait et indiquez si ces affirmations sont **vraies** ou **fausses**.

	Vrai	Faux
1. Le narrateur avait toujours voulu apprendre la musique.	○	○
2. Le narrateur voulait s'ouvrir des horizons.	○	○
3. Le narrateur avait déjà beaucoup d'autres activités extrascolaires.	○	○
4. Le narrateur était inquiet parce que ce qui est nouveau fait peur.	○	○
5. Le narrateur n'était pas du tout enthousiaste avant de commencer la musique.	○	○

2 Écoutez l'extrait et indiquez si ces affirmations sont **vraies** ou **fausses**.

	Vrai	Faux
1. La première chose que le narrateur voulait était un livre de musique.	○	○
2. La mère du narrateur a une nouvelle fois cédé à ses caprices.	○	○
3. Le refus de la mère est motivé par l'inconstance (*fickleness*) de son fils.	○	○
4. Le narrateur a finalement approuvé la logique de sa mère.	○	○
5. Le narrateur était fier d'apprendre la flûte.	○	○

3 Écoutez l'extrait et indiquez si ces affirmations sont **vraies** ou **fausses**.

	Vrai	Faux
1. L'atmosphère du conservatoire donnait sommeil au narrateur.	○	○
2. Les salles de cours étaient des anciennes chambres d'hôtel.	○	○
3. Le narrateur était impatient de bien jouer de la flûte.	○	○
4. Les répétitions (*rehearsals*) en groupe étaient harmonieuses.	○	○
5. Le narrateur continuait de détester la flûte.	○	○

4 Écoutez l'extrait et indiquez si ces affirmations sont **vraies** ou **fausses**.

	Vrai	Faux
1. Le frère du narrateur était jaloux de son talent musical.	○	○
2. La famille du narrateur aimait beaucoup l'entendre jouer de la musique.	○	○
3. Le narrateur était désorienté devant la réaction de ses parents.	○	○
4. Le narrateur est retourné au conservatoire un an plus tard.	○	○
5. Selon le narrateur, la logique des grands est infaillible.	○	○

Audio Activities

VOCABULAIRE

En famille

Maintenant, vous allez entendre le vocabulaire qui est dans votre livre, à la fin de la leçon. Écoutez et répétez.

POUR COMMENCER

Audio Activities

1 **De quoi parle-t-on?** Écoutez les mini-conversations et indiquez si on parle a) de l'informatique, b) des sciences médicales ou c) de l'astronomie.

1. _____
2. _____
3. _____
4. _____
5. _____
6. _____

2 **Réponses logiques** Écoutez ces personnes. Pour chaque question ou commentaire, donnez la réponse la plus logique.

_____ 1. a. Tu peux utiliser un moteur de recherche.
    b. Il faut regarder dans le télescope.
    c. Utilise le correcteur orthographique.

_____ 2. a. C'est une théorie très innovante.
    b. Tu devrais demander un brevet d'invention.
    c. Alors, tu as besoin d'une puce électronique.

_____ 3. a. Ah oui? Il est ingénieur?
    b. Il est biologiste, alors.
    c. C'est un célèbre astronome.

_____ 4. a. Elle doit se soigner.
    b. Oui, on voit qu'elles sont de la même famille!
    c. C'est la gravité.

_____ 5. a. On peut trouver tout ce qu'on veut dans le cyberespace.
    b. On a fait une découverte capitale.
    c. Ça doit être super d'explorer l'espace!

3 **Deux scientifiques** Djamel et Susie parlent de leurs études. Écoutez la conversation, puis corrigez les phrases qui suivent.

1. _____
2. _____
3. _____
4. _____
5. _____

STRUCTURES

7.1 The comparative and superlative of adjectives and adverbs

1 **Au magasin d'électronique** Cédric et Pierre sont dans un magasin d'électronique. Ils comparent deux ordinateurs. Écoutez ce qu'ils disent et utilisez +, − ou = pour définir les caractéristiques des deux ordinateurs.

> **Modèle**
> Le portable est beaucoup moins gros que l'ordinateur noir.
> gros
> l'ordinateur noir: +; le portable: −

	l'ordinateur noir	le portable			l'ordinateur noir	le portable
1. petit	_____	_____	4. bon		_____	_____
2. pratique	_____	_____	5. cher		_____	_____
3. moderne	_____	_____	6. rapide		_____	_____

2 **Rien ne va** Vous êtes de très mauvaise humeur aujourd'hui et tout vous semble pire que d'habitude. Reformulez chaque phrase et utilisez **le/la/les plus** ou **le/la/les moins**, selon le sens de l'adjectif donné.

> **Modèle**
> Ce film est bête.
> de l'année
> C'est le film le plus bête de l'année!

1. du monde

_____

2. que j'aie jamais vus

_____

3. de tous

_____

4. du lycée

_____

5. du magasin

_____

6. de l'année

_____

3 **Au superlatif** Nathaniel parle des étudiants et de la prof d'informatique. Utilisez le superlatif avec des adverbes pour lui répondre.

> **Modèle**
> Carole étudie beaucoup. Elle est sérieuse, n'est-ce pas?
> Oui, c'est elle qui étudie le plus sérieusement.

1. _____
2. _____
3. _____
4. _____
5. _____
6. _____

Audio Activities

7.2 The *futur simple*

1 ● **Après mes études** Écoutez Stéphanie qui parle de ce qu'elle fera après ses études. Entourez les formes verbales au futur et donnez leur infinitif.

achètera	aurons	finira	penseront	travaillerons
aura	chercherai	habiteront	prendra	trouverons
aurai	ferai	nous marierons	pourrai	voudra

1. _____   5. _____

2. _____   6. _____

3. _____   7. _____

4. _____   8. _____

2 **Dans 50 ans...** Imaginez la vie dans 50 ans et répondez au futur aux questions posées. Utilisez des pronoms.

> **Modèle**
> Aujourd'hui, on peut guérir toutes les maladies?
> *Non, mais dans 50 ans, on pourra peut-être les guérir.*

1. ● _____

2. _____

3. _____

4. _____

5. _____

6. _____

3 **Questions personnelles** Et vous, comment voyez-vous votre avenir? Répondez aux questions par des phrases complètes au futur.

1. _____

2. _____

3. _____

4. _____

5. _____

6. ● _____

7.3 The subjunctive with expressions of doubt and conjunctions; the past subjunctive

1 **Prédictions** Un astrologue fait des prédictions pour les dix prochaines années. Notez les six formes verbales qui sont au subjonctif.

1. _____   4. _____

2. _____   5. _____

3. _____   6. _____

2 **Un garçon pessimiste** Lise et Julien sont en train de travailler. Lise est optimiste et Julien est très pessimiste. Écoutez ce que dit Lise, puis donnez les réponses de Julien. Utilisez le subjonctif et des pronoms.

> **Modèle**
> Cet ordinateur est très rapide.
> Je ne suis pas sûr *que cet ordinateur soit très rapide.*

1. Il n'est pas évident _____.

2. Il est douteux _____.

3. Je ne crois pas _____.

4. Je ne suis pas sûr _____.

5. Il est peu probable _____.

6. Il est impossible _____.

3 **De bonnes raisons?** Plusieurs amis devaient se retrouver pour aller à une conférence ce matin, mais personne n'est venu. Utilisez le subjonctif passé et des expressions de doute de votre choix pour expliquer pourquoi.

> **Modèle**
> Paul a oublié la conférence.
> Il est possible qu'il *ait oublié la conférence.*

1. Il se peut qu'ils _____.

2. Il est possible qu'elle _____.

3. Il semble que vous _____.

4. Il semble qu'il _____.

Audio Activities

LITTÉRATURE

1 Écoutez l'extrait et indiquez si ces affirmations sont **vraies** ou **fausses**.

	Vrai	Faux
1. Martine a offert un cadeau à son mari.	○	○
2. Le mari de Martine n'aime pas aller au stade.	○	○
3. Le sport préféré du mari de Martine, c'est le foot.	○	○
4. Avec ce cadeau, Martine espère que son mari voudra sortir plus souvent.	○	○
5. Le cadeau de Martine inclut une parabole pour la télé.	○	○

2 Écoutez l'extrait et indiquez si ces affirmations sont **vraies** ou **fausses**.

	Vrai	Faux
1. Ils ont vite installé la parabole.	○	○
2. La parabole peut capter deux satellites différents.	○	○
3. Régis ne comprend pas comment installer la parabole.	○	○
4. Martine comprend tout sur le numérique.	○	○
5. La vie de couple de Martine et Régis est pleine de passion.	○	○

3 Écoutez l'extrait et indiquez si ces affirmations sont **vraies** ou **fausses**.

	Vrai	Faux
1. Un an plus tard, Martine a acheté une autre parabole.	○	○
2. La nouvelle parabole est encore plus performante que l'autre.	○	○
3. Régis peut regarder des émissions du monde entier.	○	○
4. Les abonnements pour les paraboles ne sont pas chers.	○	○
5. Régis continue d'acheter du matériel pour sa télé.	○	○

4 Écoutez l'extrait et indiquez si ces affirmations sont **vraies** ou **fausses**.

	Vrai	Faux
1. Martine et Régis communiquent très bien.	○	○
2. Ils prennent le repas du soir ensemble.	○	○
3. Martine décide de monter sur le toit de la maison.	○	○
4. Martine installe une troisième parabole sur le toit.	○	○
5. Martine met tout le matériel télé à la poubelle.	○	○

VOCABULAIRE

Le progrès et la recherche

Maintenant, vous allez entendre le vocabulaire qui est dans votre livre, à la fin de la leçon. Écoutez et répétez.

Leçon 8

Audio Activities

1 **Où sont-ils?** Écoutez les mini-conversations et indiquez où sont ces personnes.

1. _____
2. _____
3. _____
4. _____
5. _____

a. à un spectacle musical
b. à un vernissage
c. dans un magasin
d. dans un club sportif
e. à la maison

2 **Des projets** Marie et Pierre essaient de décider ce qu'ils vont faire samedi soir. Écoutez leur conversation, puis répondez aux questions par des phrases complètes.

1. Qu'est-ce que Marie et Pierre veulent fêter?

_____

2. Que vont-ils faire samedi soir?

_____

3. Où vont-ils d'abord aller samedi soir?

_____

4. Qu'est-ce que Pierre propose de faire samedi après-midi?

_____

5. Et Marie, où préfère-t-elle aller samedi après-midi?

_____

6. Est-ce que leurs amis Nathalie et Hector vont pouvoir venir? Pourquoi?

_____

3 **Questions personnelles** Répondez aux questions par des phrases complètes.

1. _____

2. _____

3. _____

4. _____

5. _____

STRUCTURES

8.1 Infinitives

1 **Sports et loisirs** Notez le verbe utilisé à l'infinitif dans chaque phrase.

1. _____ 4. _____

2. _____ 5. _____

3. _____ 6. _____

2 **Questions** Utilisez les mots donnés et un verbe à l'infinitif pour répondre aux questions que des amis vous posent. Attention à l'emploi des prépositions!

> **Modèle**
> Ce film est émouvant, à ton avis?
> il / sembler
> *Oui, il semble être émouvant.*

1. il / désirer

_____

2. je / penser

_____

3. elle / me conseiller

_____

4. nous / détester

_____

5. il / falloir

_____

3 **Dans le bon ordre** Écoutez les phrases groupées deux par deux. Ensuite, créez une seule phrase à l'aide d'un infinitif passé. Faites attention à l'ordre des phrases!

> **Modèle**
> Les spectateurs ont acheté leurs billets. Les spectateurs ont fait la queue pendant une heure.
> *Après avoir fait la queue pendant une heure, les spectateurs ont acheté leurs billets.*

1. _____

2. _____

3. _____

4. _____

5. _____

6. _____

8.2 Prepositions with geographical names

1 **Le voyage de Djamila** Écoutez Djamila raconter son voyage. D'abord, entourez les endroits qu'elle mentionne. Ensuite, ajoutez les articles et/ou prépositions que Djamila utilise devant le nom de chaque endroit.

_____ Afrique du Nord   _____ Djerba   _____ Normandie

_____ Algérie   _____ France   _____ Paris

_____ Amérique   _____ l'île Maurice   _____ Pays-Bas

_____ Asie   _____ La Rochelle   _____ Sénégal

_____ Australie   _____ Le Havre   _____ Sydney

_____ Casablanca   _____ Madagascar   _____ Tunis

_____ Dakar   _____ Maroc   _____ Tunisie

2 **Petit test de géographie** Choisissez parmi les lieux proposés pour répondre aux questions par des phrases complètes.

Modèle

Noémie visite le Louvre. Où est-elle?
Elle est en France.

Afrique	Californie	France	Maroc
Algérie	Chine	Haïti	Mexico
Asie	Côte d'Ivoire	Le Caire	Mexique
Australie	États-Unis	Louisiane	Pays-Bas

1. _____   5. _____

2. _____   6. _____

3. _____   7. _____

4. _____   8. _____

3 **À l'agence de voyages** Imaginez que vous travailliez dans une agence de voyages. Écoutez vos clients et faites-leur des suggestions logiques.

Modèle

Bonjour, j'ai envie de passer mes vacances à la mer.
Fort-de-France, Martinique / Trois-Rivières, Québec
Allez à Fort-de-France, à la Martinique.

1. Bruxelles, Belgique / Marseille, France

_____

2. Villars, Suisse / Rabat, Maroc

_____

3. La Nouvelle-Orléans, Louisiane / Tunis, Tunisie

_____

4. Tulum, Mexique / Arizona, États-Unis

_____

5. Québec, Canada / Texas, États-Unis

_____

6. Antananarivo, Madagascar / Californie, États-Unis

_____

Audio Activities

8.3 The *conditionnel*

1 **Divertissements** Notez les six formes verbales au conditionnel, puis donnez leur infinitif.

1. _____
2. _____
3. _____
4. _____
5. _____
6. _____

2 **Situations** Expliquez ce que ces personnes feraient et ne feraient pas. Utilisez le conditionnel.

Modèle
> Si Corinne avait un examen important demain, ...
> étudier / sortir avec des copains
> *Elle étudierait. Elle ne sortirait pas avec des copains.*

1. faire du saut à l'élastique / aller voir une comédie plutôt qu'un film d'horreur
_____

2. être content / célébrer la fin des examens au restaurant
_____

3. jouer aux boules au parc / rester à la maison
_____

4. finir votre travail / faire les magasins en ville
_____

5. les féliciter / ne jamais donner de mauvaises notes
_____

6. partir en vacances dans le Colorado / voyager en Grèce
_____

3 **Et si...** Répondez aux questions de façon logique. Utilisez le conditionnel et des verbes variés.

Modèle
> Que feraient les supporters si l'équipe de l'université gagnait le match?
> *Ils célébreraient la victoire.*

1. _____
2. _____
3. _____
4. _____
5. _____

Audio Activities

LITTÉRATURE

Audio Activities

1 Écoutez l'extrait et indiquez si ces affirmations sont **vraies** ou **fausses**.

	Vrai	Faux
1. Alceste veut aller au club sportif avec ses amis.	○	○
2. Alceste a un nouveau ballon de foot.	○	○
3. Alceste voulait être l'arbitre.	○	○
4. Agnan marque beaucoup de buts.	○	○
5. Les garçons ont décidé que Maixent sifflerait pour Agnan.	○	○

2 Écoutez l'extrait et indiquez si ces affirmations sont **vraies** ou **fausses**.

	Vrai	Faux
1. Les garçons ont commencé à jouer.	○	○
2. Alceste ne va pas laisser les joueurs marquer des buts facilement.	○	○
3. Geoffroy voulait être capitaine parce qu'il avait de beaux vêtements.	○	○
4. La chemise de Geoffroy était verte.	○	○
5. Eudes a fait mal à Geoffroy.	○	○

3 Écoutez l'extrait et indiquez si ces affirmations sont **vraies** ou **fausses**.

	Vrai	Faux
1. Il y avait deux capitaines.	○	○
2. Tout le monde avait peur d'Eudes.	○	○
3. Geoffroy a été désigné comme gardien de but.	○	○
4. Alceste mangeait assis.	○	○
5. Tous les joueurs se sont mis d'accord.	○	○

4 Écoutez l'extrait et indiquez si ces affirmations sont **vraies** ou **fausses**.

	Vrai	Faux
1. Rufus a sifflé pour indiquer le début du match.	○	○
2. Agnan a hurlé qu'il était l'arbitre.	○	○
3. Eudes a marqué un but.	○	○
4. L'équipe d'Alceste a égalisé juste avant la mi-temps.	○	○
5. Alceste avait oublié d'apporter son ballon.	○	○

VOCABULAIRE

Les passe-temps

Maintenant, vous allez entendre le vocabulaire qui est dans votre livre, à la fin de la leçon. Écoutez et répétez.

POUR COMMENCER

1 **Quelle profession?** On va vous décrire ce que font plusieurs personnes dans la vie. Associez chacune à la profession qui lui correspond.

1. _____   a. un(e) comptable

2. _____   b. un homme d'affaires/une femme d'affaires

3. _____   c. un chômeur/une chômeuse

4. _____   d. un vendeur/une vendeuse

5. _____   e. un(e) gérant(e)

2 **Que vont-ils faire?** Écoutez les commentaires, puis dites ce que chaque personne va probablement faire. Choisissez parmi les mots et les expressions de la liste.

> **Modèle**
>
> Yves déteste son travail. Il gagne seulement le salaire minimum et le temps de travail est horrible. Il est toujours épuisé et il n'arrive jamais à économiser. Bref, il en a vraiment marre.
> Il *va probablement démissionner.*

démissionner	gagner sa vie
déposer l'argent sur un compte d'épargne	licencier des employés
embaucher des employés	poser sa candidature à ce poste
faire faillite	prêter

1. _____

2. _____

3. _____

4. _____

5. _____

3 **Chez le conseiller** Vous allez voir un conseiller pour qu'il vous aide à trouver la profession idéale. Répondez à ses questions avec autant de détails que possible.

1. _____

2. _____

3. _____

4. _____

5. _____

STRUCTURES

9.1 Relative pronouns

1 **Travail et argent** Notez le pronom relatif que vous entendez dans chaque phrase.

1. _____ 4. _____

2. _____ 5. _____

3. _____ 6. _____

2 **Un nouveau poste** Une amie vous parle d'un travail qu'elle vient d'obtenir. Pour avoir plus de détails, posez-lui une question à l'aide des pronoms relatifs donnés.

> **Modèle**
> Il est gérant.
> qui / parler
> De qui parles-tu?

1. dont / parler hier

_____

2. lequel / travailler

_____

3. lequel / se trouver

_____

4. lequel / voyager

_____

5. lequel / rendre visite

3 **Une offre d'emploi** Un ami qui travaille dans une multinationale doit embaucher un cadre qui parle français. Aidez-le à préparer l'annonce. Reliez les phrases par des pronoms relatifs.

> **Modèle**
> Notre entreprise cherche un cadre. Il faut que ce cadre parle français.
> Notre entreprise cherche un cadre qui parle français.

1. _____

2. _____

3. _____

4. _____

5. _____

9.2 The present participle

1 **Un nouveau travail** Écoutez Emmanuel parler de son nouveau travail et entourez les participes présents qu'il utilise. Attention au genre et au nombre!

allant	finissant	représentants
amusante	gérant	sachant
ayant	gérants	stressant
cherchant	intéressant	stressante
commençant	intéressants	suivante
étant	représentant	travaillant

2 **Une rencontre** Votre amie Karine voudrait savoir comment vous avez rencontré un de vos amis français. Répondez à ses questions de façon logique en mettant les verbes de la liste au participe présent.

> **Modèle**
> Comment a-t-il appris l'anglais? (lire beaucoup)
> Il l'a appris en lisant beaucoup.

amuser écouter intéresser parler partir

1. _____
2. _____
3. _____
4. _____
5. _____

3 **À l'entreprise** Les employés de l'entreprise Petit font tous deux choses en même temps. Expliquez ce qu'ils font en utilisant des participes présents.

> **Modèle**
> La comptable investit de l'argent en bourse. Elle prépare le budget.
> La comptable investit de l'argent en bourse tout en préparant le budget.

1. _____
2. _____
3. _____
4. _____
5. _____
6. _____

Leçon 9 Audio Activities **51**

Audio Activities

9.3 Irregular *-oir* verbs

1 **La réunion du personnel** Écoutez ces commentaires faits pendant une réunion du personnel et notez les verbes irréguliers en **-oir** que vous entendez. Puis, donnez leur infinitif.

1. _____ _____   4. _____ _____

2. _____ _____   5. _____ _____

3. _____ _____   6. _____ _____

2 **Au grand magasin** En utilisant les éléments donnés, corrigez ce que dit Joséphine au sujet des employés de l'endroit où elle travaille.

> **Modèle**
>
> Qui sait parler russe?
> moi
> Moi, je sais parler russe.

1. Juliette

_____

2. la gérante

_____

3. nous

_____

4. les gérants

_____

5. mes copines

_____

3 **Équivalences** Écoutez chaque question et répondez-y affirmativement en utilisant le verbe de la liste correspondant.

> **Modèle**
>
> Il y a eu beaucoup de pluie hier?
> Oui, il a beaucoup plu.

apercevoir	percevoir	recevoir
s'asseoir	pleuvoir	savoir
devoir	pouvoir	valoir

1. _____

2. _____

3. _____

4. _____

5. _____

LITTÉRATURE

1 Écoutez l'extrait et indiquez si ces affirmations sont **vraies** ou **fausses**.

	Vrai	Faux
1. Le père veut que son fils exerce une profession libérale.	○	○
2. Le fils est sous l'influence de son père.	○	○
3. Le fils décide de solliciter un emploi dans un journal.	○	○
4. Le père dit que les femmes de patrons sont bénévoles.	○	○
5. Selon le père, quand on a une profession libérale, le temps de travail est assez flexible.	○	○

2 Écoutez l'extrait et indiquez si ces affirmations sont **vraies** ou **fausses**.

	Vrai	Faux
1. Le fils est comptable pour un journal.	○	○
2. Il apprécie le contact avec ses collègues.	○	○
3. Il travaille dans un bureau.	○	○
4. Il travaille la nuit.	○	○
5. Il s'est acheté une mobylette pour aller travailler.	○	○

3 Écoutez l'extrait et indiquez si ces affirmations sont **vraies** ou **fausses**.

	Vrai	Faux
1. Le fils doit préparer le budget du journal.	○	○
2. Il dépose des journaux dans des boîtes ou dans des tubes.	○	○
3. Le journal a deux suppléments par semaine.	○	○
4. Le lundi, il distribue le supplément télé.	○	○
5. Le fils pense que son travail exige de l'initiative.	○	○

4 Écoutez l'extrait et indiquez si ces affirmations sont **vraies** ou **fausses**.

	Vrai	Faux
1. Au journal, il y a souvent des réunions auxquelles tous les employés doivent aller.	○	○
2. Les employés du journal ont un excellent syndicat.	○	○
3. Il est facile de demander une augmentation de salaire.	○	○
4. Le fils a un patron très sympathique.	○	○
5. La femme de son patron travaille aussi au journal.	○	○

Audio Activities

VOCABULAIRE

Le travail et les finances

Maintenant, vous allez entendre le vocabulaire qui est dans votre livre, à la fin de la leçon. Écoutez et répétez.

POUR COMMENCER

1 **Une conférence** Annabelle et Samir sont à une conférence sur la protection de l'environnement. Écoutez-les discuter du programme et mettez un X devant les thèmes dont on va parler.

_____ 1. la forêt tropicale

_____ 2. les ouragans

_____ 3. les tremblements de terre

_____ 4. le gaspillage des ressources

_____ 5. la déforestation

_____ 6. la couche d'ozone

_____ 7. les animaux en voie d'extinction

_____ 8. le réchauffement de la planète

_____ 9. les incendies

_____ 10. les déchets toxiques

_____ 11. les énergies renouvelables

_____ 12. la sécheresse

2 **Questions et réponses** Annabelle et Samir viennent d'assister à une table ronde très intéressante. Maintenant, ils ont l'occasion de poser des questions. Choisissez la réponse la plus logique.

_____ 1. a. Bien sûr, le gaspillage empire tous les jours.
   b. Oui, les déchets toxiques contaminent l'eau et les poissons sont infectés.
   c. Il faut absolument prévenir les nuages de pollution.

_____ 2. a. Il y a plus d'espèces en voie d'extinction.
   b. Oui, l'érosion de la couche d'ozone, par exemple.
   c. Eh bien, il y a plus d'incendies et d'ouragans, aujourd'hui.

_____ 3. a. Euh... Il y a les tigres, en Asie, et les lions, en Afrique.
   b. Les récifs de corail dans la mer.
   c. La déforestation est un problème très grave, à mon avis.

_____ 4. a. Eh bien, oui, ils préservent la couche d'ozone.
   b. Non, ce ne sont pas des sources d'énergie renouvelable.
   c. Non, malheureusement, ils ne sont pas potables.

_____ 5. a. La déforestation.
   b. Les ours.
   c. Le soleil.

3 **À vous** Imaginez que vous soyez allé(e) à la conférence avec Annabelle et Samir. À la sortie, un journaliste vous pose des questions. Répondez-lui par des phrases complètes.

1. _____

_____

2. _____

_____

3. _____

_____

4. _____

_____

STRUCTURES

10.1 The past conditional

1 **Les ressources naturelles** Écoutez chaque commentaire et indiquez si vous entendez un verbe au conditionnel passé ou pas.

	oui	non		oui	non
1.	○	○	4.	○	○
2.	○	○	5.	○	○
3.	○	○	6.	○	○

2 **Des reproches** Certaines personnes ne se sentent pas très concernées par les problèmes de l'environnement et ne font aucun effort pour le protéger. Écoutez, puis faites des reproches en utilisant le conditionnel passé et les éléments donnés.

> **Modèle**
> J'ai acheté une grosse voiture.
> tu / pouvoir
> *Tu aurais pu choisir une voiture plus économique!*

1. ils / devoir

_____

2. il / mieux falloir

_____

3. vous / pouvoir / un seul bain

_____

4. il / mieux valoir / safari

_____

5. tu / devoir

_____

3 **Hypothèses** Imaginez ce qui se serait passé si ces événements n'étaient pas arrivés. Complétez les phrases pour exprimer votre opinion. Utilisez le conditionnel passé.

> **Modèle**
> Sans le tremblement de terre l'année dernière, ...
> *...des personnes n'auraient pas perdu leur maison.*

1. _____

2. _____

3. _____

4. _____

5. _____

Audio Activities

10.2 The future perfect

1 **Dans quel ordre?** Pour chaque phrase, indiquez quelle action va se passer en premier.

> **Modèle**
> Quand il arrivera à Sydney, il sera déjà allé voir les récifs de corail.
> 2, 1

1. _____   4. _____
2. _____   5. _____
3. _____

2 **Quel optimisme!** Sébastien, qui étudie les sciences, et sa cousine Géraldine parlent de l'avenir. Sébastien est très optimiste et il pense que d'ici 2020, on aura résolu tous les problèmes de l'environnement. Répondez à sa place en utilisant le futur antérieur.

> **Modèle**
> Peut-être qu'en 2020, on trouvera une solution au réchauffement de la planète.
> À mon avis, en 2020, *on aura déjà trouvé une solution au réchauffement de la planète.*

1. À mon avis, en 2020, _____
_____

2. À mon avis, en 2020, _____
_____

3. À mon avis, en 2020, _____
_____

4. À mon avis, en 2020, _____
_____

5. À mon avis, en 2020, _____
_____

6. À mon avis, en 2020, _____
_____

3 **Chronologie** Écoutez les phrases groupées par deux. Puis combinez-les pour faire une seule phrase. Utilisez une conjonction (**quand, dès que, aussitôt que, après que, lorsque, tant que, une fois que**) et le futur antérieur. Soyez logique!

> **Modèle**
> Nous rentrons chez nous. L'ouragan est passé.
> *Aussitôt que l'ouragan sera passé, nous rentrerons chez nous.*

1. _____
2. _____
3. _____
4. _____
5. _____

10.3 *Si* clauses

1

Notre environnement Identifiez les deux temps ou modes utilisés dans chaque phrase. Mettez un X dans les cases appropriées.

	subordinate clause			main clause				
	présent	imparfait	plus-que-parfait	présent	futur proche	futur simple	conditionnel	impératif
1								
2								
3								
4								
5								
6								

2

Avec des si... Utilisez les éléments donnés et un temps ou un mode approprié pour terminer les débuts de phrases.

> **Modèle**
>
> Si on continue à le chasser, ...
> l'ours brun / devenir une espèce menacée
> *Si on continue à le chasser, l'ours brun deviendra / va devenir une espèce menacée.*

1. je / en donner à une association pour la protection des animaux

   _____

2. on / pouvoir habiter sur la Lune

   _____

3. tu / ne pas oublier de nous téléphoner vendredi

   _____

4. les guides / se fâcher

   _____

5. nous / ne pas être malades ce matin

   _____

6. vous / essayer de respirer plus lentement

   _____

3

Et vous? Répondez aux questions. Attention au choix des temps et des modes.

1. _____

2. _____

3. _____

4. _____

LITTÉRATURE

1 Écoutez l'extrait et indiquez si ces affirmations sont **vraies** ou **fausses**.

	Vrai	Faux
1. Le poète parle à un baobab.	O	O
2. Un baobab est une sorte de singe.	O	O
3. Les ancêtres du poète ont planté des baobabs.	O	O
4. Le poète menace le baobab.	O	O
5. Le poète retrouve le bien-être quand il est près du baobab.	O	O

2 Écoutez l'extrait et indiquez si ces affirmations sont **vraies** ou **fausses**.

	Vrai	Faux
1. Le poète craint que le baobab disparaisse à cause de la déforestation.	O	O
2. Il pense que le baobab est fragile.	O	O
3. Le monde croit que la valeur des hommes se voit à leurs armes.	O	O
4. La guerre est un danger partout dans le monde.	O	O
5. Le poète demande au baobab de lui donner des forces.	O	O

3 Écoutez l'extrait et indiquez si ces affirmations sont **vraies** ou **fausses**.

	Vrai	Faux
1. Le poète parle de l'avenir.	O	O
2. Il a une vision très optimiste du monde.	O	O
3. La présence du baobab nuit au poète.	O	O
4. Les hommes ont épuisé toutes leurs ressources.	O	O
5. Pour survivre, le poète doit chasser des oiseaux.	O	O

4 Écoutez l'extrait et indiquez si ces affirmations sont **vraies** ou **fausses**.

	Vrai	Faux
1. Le poète ne parle plus au baobab.	O	O
2. Il y a eu un gros tremblement de terre.	O	O
3. La terre qui est près du baobab est toxique.	O	O
4. La terre au pied du baobab est importante pour le poète.	O	O
5. Le poète veut finir sa vie près du baobab.	O	O

LITTÉRATURE

Audio Activities

VOCABULAIRE

Notre monde

Maintenant, vous allez entendre le vocabulaire qui est dans votre livre, à la fin de la leçon. Écoutez et répétez.

IMAGINEZ

La France et les États-Unis

Vrai ou faux? Indiquez si les phrases sont **vraies** ou **fausses** et corrigez les fausses à l'aide de phrases complètes.

	Vrai	Faux
1. Cavelier de La Salle a exploré le Mississippi.	O	O
2. Antoine Cadillac a fondé la Louisiane en 1701.	O	O
3. Les Français ont aidé les révolutionnaires américains pendant la guerre d'Indépendance.	O	O
4. La France a offert la statue de la Liberté aux États-Unis en 1789.	O	O
5. La France est le premier partenaire commercial des États-Unis.	O	O
6. Catherine Deneuve et Audrey Tautou sont des actrices françaises appréciées aux États-Unis.	O	O

La francophonie aux USA

À votre tour Écrivez quatre phrases sur la photographie à l'aide de ces questions: Qui est-ce? Que savez-vous d'elle? Aimez-vous ses chansons?

_____
_____
_____
_____
_____

Galerie de créateurs

Question Dans quel domaine Julia Child était-elle considérée comme l'ambassadrice de la culture française aux États-Unis? Décrivez-la en deux phrases complètes.

_____
_____
_____
_____

Imaginez

La France

À compléter Faites correspondre les mots de la liste avec les phrases.

bouillabaisse	côte méditerranéenne	Lyon	soie
château d'If	deuxième ville de France	Saône	Vieux-Port

1. Lyon et Marseille se disputent le titre de _____.

2. Le Rhône et la _____ sont les deux grands fleuves qui traversent la ville de Lyon.

3. La ville de Marseille est située sur la _____.

4. Au large de (*Off the coast of*) Marseille, on peut voir le _____, une ancienne prison rendue célèbre par l'écrivain Alexandre Dumas.

5. Dans l'Antiquité, la ville de _____ était la capitale de la Gaule.

6. La _____ est une spécialité culinaire bien connue de Marseille.

7. Lyon est la capitale de la gastronomie et de l'industrie de la _____.

8. Le _____ est un quartier très animé de Marseille où on trouve de nombreux restaurants.

Découvrons la France

À votre tour Écrivez quatre phrases sur la photographie à l'aide de ces questions: À votre avis, quels sont les avantages de ce genre d'habitation? Et les inconvénients? Pourquoi?

_____
_____
_____
_____
_____
_____

Galerie de créateurs

Question Dans quel domaine Yann Arthus-Bertrand est-il connu? Décrivez-le en deux phrases complètes.

_____
_____
_____
_____
_____

Imaginez

Le Québec

Un peu d'histoire Choisissez la bonne option pour compléter chaque phrase.

1. René Lévesque a défendu _____.
   a. la liberté de la presse québécoise   b. l'idée d'un Québec francophone souverain
   c. l'impartialité des médias

2. Félix Leclerc et Gilles Vigneault ont fait renaître la tradition _____.
   a. du cinéma québécois   b. du Parti québécois (PQ)
   c. de la chanson francophone québécoise

3. En 1967, on a créé _____ pour apporter une aide financière aux réalisateurs.
   a. la Société de Développement de l'Industrie Cinématographique Canadienne (SDICC)
   b. le Parti québécois   c. la Révolution tranquille

4. René Lévesque a été _____ dans les années 1970.
   a. Premier ministre   b. réalisateur   c. chanteur

5. Depuis la Loi 101, les immigrés québécois reçoivent leur éducation _____.
   a. en anglais et en français   b. en anglais ou en français, au choix
   c. uniquement en français

6. Au cours des années, il y a eu plusieurs _____ pour l'indépendance du
   Québec, mais le «non» l'a toujours emporté.
   a. référendums   b. documentaires   c. événements

Découvrons le Québec

À votre tour Écrivez quatre phrases sur la photographie à l'aide de ces questions: Qu'est-ce que c'est? Où est-ce? Que savez-vous au sujet de ce lieu?

_____
_____
_____
_____
_____
_____
_____

Galerie de créateurs

Question Dans quel domaine Édouard Lock est-il connu? Donnez un ou deux détails sur sa carrière.

_____
_____
_____

Imaginez

Leçon 4

Les Antilles

Vrai ou faux? Indiquez si les phrases sont **vraies** ou **fausses** et corrigez les fausses à l'aide de phrases complètes.

	Vrai	Faux

1. Au 17e siècle, on rencontrait souvent des pirates dans la mer des Caraïbes.   ○ ○

_____

2. Les Français ont toujours été la plus grande puissance coloniale aux Antilles.   ○ ○

_____

3. Les corsaires étaient des pirates indépendants.   ○ ○

_____

4. Le terme «boucanier» vient du mot «boucan», une grille de bois sur laquelle on faisait griller la viande et les poissons.   ○ ○

_____

5. Les sociétés pirates étaient des dictatures.   ○ ○

_____

Découvrons les Antilles

À votre tour Écrivez quatre phrases sur la photographie à l'aide de ces questions: Quel est cet événement? Où et quand a-t-il lieu? Que savez-vous à son sujet?

_____
_____
_____
_____
_____
_____
_____

Galerie de créateurs

Question Dans quel domaine Léna Blou est-elle connue? Donnez un ou deux détails sur sa carrière.

_____
_____
_____

Nom _____ **Date** _____

Leçon 5

L'Afrique de l'Ouest

Un peu d'histoire Complétez les phrases à l'aide des mots donnés.

Gorée	Pari du Cœur	rallye Paris-Dakar	Tombouctou
Guinée	Peulhs	Ténéré	Yamoussoukro

1. En 1979, Thierry Sabine a créé le _____, une course de véhicules dans le désert.

2. _____, sur le fleuve Niger, est une ville mythique qui a été fondée au 11ᵉ siècle.

3. Le _____, connu pour ses violentes tempêtes de sable, est la partie la plus aride du Sahara.

4. _____ est la capitale de la Côte d'Ivoire depuis 1983.

5. Le mont Nimba, en _____, surmonte la plus belle forêt d'Afrique de l'Ouest.

6. Les cases des _____, une tribu africaine, sont de véritables œuvres d'art.

7. Sur l'île très touristique de _____, près de Dakar, au Sénégal, on peut voir un ancien fort et de jolies maisons coloniales.

8. Thierry Sabine et le chanteur français Daniel Balavoine ont créé le _____, une association dont le but était principalement d'apporter des pompes à eau aux populations du Sahel.

Découvrons l'Afrique de l'Ouest

À votre tour Écrivez quatre phrases sur la photographie à l'aide de ces questions: Qu'est-ce que c'est? Dans quelle ville est-ce? Que savez-vous au sujet de cette ville?

_____
_____
_____
_____
_____
_____
_____

Galerie de créateurs

Question À quelle(s) forme(s) d'art Véronique Tadjo est-elle associée? D'où vient son inspiration?

_____
_____
_____
_____

© by Vista Higher Learning. All rights reserved.

Leçon 5 Imaginez 65

L'Afrique du Nord et le Liban

Vrai ou faux? Indiquez si les phrases sont **vraies** ou **fausses** et corrigez les fausses à l'aide de phrases complètes.

	Vrai	Faux
1. Le cèdre est l'emblème du Liban.	○	○
2. À Carthage, en Tunisie, il y a un site archéologique majeur d'Afrique du Nord.	○	○
3. Casablanca est la capitale du Maroc.	○	○
4. La Casbah est le nom d'une chaîne de montagnes au Liban.	○	○
5. Dans la Médina de Fès, on peut admirer le travail des artisans marocains.	○	○

Découvrons le Maghreb

À votre tour Écrivez quatre ou cinq phrases sur la photographie à l'aide de ces questions: Quelle ville est-ce? Dans quel pays se trouve-t-elle? Que savez-vous à son sujet?

_____
_____
_____
_____
_____
_____

Galerie de créateurs

Question Décrivez en trois phrases la vie et la carrière d'Yves Saint Laurent.

_____
_____
_____
_____

Imaginez

La Belgique, la Suisse et le Luxembourg

Complétez Complétez ces phrases à l'aide des mots de la liste.

Atomium	Genève	Manneken-Pis	système bancaire
Croix-Rouge	horloge fleurie	place d'Armes	Wallonie

1. L'ONU et la _____ ont leur siège en Suisse.

2. En Belgique, on parle français dans la partie sud du pays, en _____.

3. Le Luxembourg est réputé pour son _____ et son shopping de luxe.

4. _____ est la plus grande ville francophone de Suisse.

5. À Luxembourg, on aime se détendre dans les cafés et les restaurants de la _____.

6. Le/L'_____, une statue en bronze d'un jeune garçon, est une des attractions touristiques les plus connues de Bruxelles.

7. Le/L'_____, une construction de 102 mètres de haut en forme de molécule de fer, a été assemblé pour l'Exposition universelle de 1958.

8. À Genève, on peut admirer le Jardin anglais et la/l'_____ sur la rive gauche de la rade.

Découvrons la Belgique, le Luxembourg et la Suisse

À votre tour Écrivez quatre ou cinq phrases sur la photographie à l'aide de ces questions: Comment s'appelle ce site? Dans quel pays se trouve-t-il? Que savez-vous à son sujet?

_____

_____

_____

_____

_____

_____

Galerie de créateurs

Question Dans quel domaine Sylvie Fleury est-elle connue? De quoi s'inspire-t-elle?

_____

_____

_____

_____

Imaginez

L'océan Indien

Petit test culturel Répondez à ces questions sur l'océan Indien par des phrases complètes.

1. Où se trouve Madagascar?
   _____

2. Quelles sont trois des ressources de Madagascar?
   _____

3. Quels sont deux animaux qu'on peut voir aux Comores?
   _____

4. Quelle est une des raisons pour laquelle les Seychelles sont réputées?
   _____

5. Quels paysages trouve-t-on sur l'île de la Réunion?
   _____

Découvrons des merveilles de la nature

À votre tour Écrivez quatre ou cinq phrases sur la photographie à l'aide de ces questions: Comment s'appelle ce site? Dans quel pays se trouve-t-il? Que savez-vous à son sujet?

_____

_____

_____

_____

_____

_____

_____

Galerie de créateurs

Question Qui est Khaleel Torabully? De quoi parle-t-il souvent dans ses œuvres?

_____

_____

_____

_____

_____

_____

Imaginez

L'Afrique centrale

Vrai ou faux? Indiquez si ces phrases sont **vraies** ou **fausses** et corrigez les fausses à l'aide de phrases complètes.

	Vrai	Faux

1. Brazzaville et Kinshasa sont sur le fleuve Congo. ○ ○
   _____

2. La toiture verte de la basilique Sainte-Anne du Congo change de couleur avec la lumière. ○ ○
   _____

3. Kinshasa est la capitale de la République du Congo. ○ ○
   _____

4. L'ancien nom du Congo-Kinshasa est le Zaïre. ○ ○
   _____

5. Sur les marchés de Brazzaville, on trouve des objets d'artisanat. ○ ○
   _____

6. Le quartier du Mont Fleury, à Kinshasa, est un quartier populaire où les artistes locaux vendent leurs œuvres. ○ ○
   _____

Découvrons l'Afrique centrale

À votre tour Écrivez quatre ou cinq phrases sur la photographie à l'aide de ces questions: Qui est cette femme? Quelle est sa nationalité? Que savez-vous à son sujet?

_____
_____
_____
_____
_____

Galerie de créateurs

Question Qui est Angèle Etoundi Essamba? Où vit-elle? De quoi parlent ses œuvres?

_____
_____
_____

Imaginez

La Polynésie française, la Nouvelle-Calédonie, l'Asie

Petit test culturel Répondez à ces questions sur la Polynésie française, la Nouvelle-Calédonie et l'Asie par des phrases complètes.

1. Quels sont les trois pays de l'ancienne Indochine française?

   _____

2. Quelle région du Viêt-nam est connue pour ses villages de pêcheurs aux maisons flottantes?

   _____

3. Quel pourcentage des ressources agricoles du Viêt-nam proviennent du Mékong?

   _____

4. Que peut-on voir dans la cité royale de Luang Prabang, au Laos?

   _____

5. Où peut-on admirer des merveilles de l'architecture Khmer?

   _____

Découvrons l'Asie francophone et les DROM

À votre tour Écrivez quatre ou cinq phrases sur la photographie à l'aide de ces questions: Quel est cet événement? Où et quand se passe-t-il? Que savez-vous à son sujet?

_____

_____

_____

_____

_____

Galerie de créateurs

Question D'où vient l'inspiration du réalisateur cambodgien Rithy Panh? Que cherche-t-il à faire?

_____

_____

_____

_____

_____

INTEGRATED WRITING

Prompt 1

Directions: Watch the short film *À tes amours*, and write an e-mail in French to your best friend on the topic below. It should be no less than 100 words.

Votre ami(e) a le même dilemme que le frère dans le film. Écrivez un e-mail à votre ami(e) et donnez-lui des conseils. Est-ce que vous lui donnez les mêmes conseils que la sœur dans le film? Expliquez.

Notes sur le film

_____

_____

_____

_____

Prompt 2

Directions: Read the poem *Il pleure dans mon cœur* on page 35 of your textbook, and write a diary entry in French on the topic below. It should be no less than 100 words.

D'après vous, quelle est la cause de la tristesse du poète? Racontez un moment où vous avez été très triste. Avez-vous éprouvé des sentiments pareils à ceux du poète? Qu'est-ce que vous avez fait pour sortir de cet état?

Notes sur la littérature

_____

_____

_____

_____

Integrated Writing

Prompt 3

Directions: Write an article in French of no less than 200 words on the topic below. Review the film *À tes amours* and reread the poem *Il pleure dans mon cœur* to get ideas for your article.

Comparez les deux scènes amoureuses dans le film et dans le poème. Quelles conclusions pouvez-vous en tirer à propos des relations humaines? Est-ce que les adolescents ont une idée différente de l'amour que les adultes? Comment?

Notes pour la rédaction

_____

_____

_____

_____

_____

_____

_____

_____

_____

_____

_____

_____

_____

_____

_____

_____

_____

_____

_____

_____

_____

Integrated Writing

Prompt 1

Directions: Watch the short film *J'attendrai le suivant*, and write a diary entry in French on the topic below. It should be no less than 100 words.

Croyez-vous qu'on puisse ressentir un lien très fort pour un(e) étranger/étrangère? Connaissez-vous quelqu'un que les apparences ont trompé, comme la jeune femme du métro? Que s'est-il passé? À votre avis, est-ce qu'il y a beaucoup de gens qui auraient eu le courage de faire la même chose que la jeune femme? Expliquez.

Notes sur le film

_____
_____
_____
_____
_____

Prompt 2

Directions: Read the poem *Mai 1968* on page 71 of your textbook, and write a letter to your pen pal in French on the topic below. It should be no less than 100 words.

Quels sont les problèmes qui préoccupent les jeunes américains d'aujourd'hui? Est-ce qu'ils connaissent les mêmes problèmes que ceux des étudiants dans le poème ou en est-il différemment? Les étudiants américains font-il souvent des manifestations?

Notes sur la littérature

_____
_____
_____
_____
_____

Integrated Writing

Prompt 3

Directions: Write an essay in French of no less than 200 words on the topic below. Review the film *J'attendrai le suivant* and reread the poem *Mai 1968* to get ideas for your essay.

Dans la vie, il est essentiel de faire des choix importants à propos des études, de l'amour, de la vie personnelle etc. Donnez l'exemple d'une décision importante que vous avez prise. Était-il difficile de la prendre? Quelles en ont été les conséquences?

Notes pour la rédaction

_____
_____
_____
_____
_____
_____
_____
_____
_____
_____
_____
_____
_____
_____
_____
_____
_____
_____
_____
_____

Integrated Writing

Prompt 1

Directions: Watch the short film *Émilie Muller*, and write a critique of her audition in French on the topic below. It should be no less than 100 words.

Vous venez de voir l'audition d'Émilie. Qu'est-ce que vous en pensez? Est-ce qu'elle vous a convaincu(e)? Est-elle capable de séduire le spectateur? A-t-elle le talent pour être une grande comédienne? Expliquez.

Notes sur le film

_____

_____

_____

_____

_____

Prompt 2

Directions: Read the text 99 *Francs* on page 106 of your textbook, and write a blog entry in French on the topic below. It should be no less than 100 words.

Êtes-vous d'accord ou non avec les opinions de l'auteur? Avez-vous déjà été convaincu(e) par un spot publicitaire de faire quelque chose que vous avez regretté par la suite? Décrivez en détail comment vous vous êtes laissé prendre (*taken in*).

Notes sur la littérature

_____

_____

_____

_____

_____

Integrated Writing

Leçon 3 Integrated Writing | **75**

Prompt 3

Directions: Write an essay in French of no less than 200 words on the topic below. Review the film *Émilie Muller* and reread the text *99 Francs* to get ideas for your essay.

Ce film et cet article démontrent-ils que les personnes célèbres et les médias peuvent exercer une grande influence dans notre société? À votre avis, est-ce qu'ils ont une responsabilité particulière envers (*towards*) le public? Pourquoi? Discutez-en en vous servant (*by using*) d'exemples précis.

Notes pour la rédaction

_____

_____

_____

_____

_____

_____

_____

_____

_____

_____

_____

_____

_____

_____

_____

_____

_____

_____

_____

_____

_____

Integrated Writing

Nom _____ Date _____

Leçon 4

Prompt 1

Directions: Watch the short film *La révolution des crabes*, and write a letter in French to your sibling on the topic below. It should be no less than 100 words.

Est-ce que vous voyez des parallèles entre le destin des Pachygrapsus marmoratus et votre propre vie? Est-ce que vous vous croyez impuissant face au destin? Parlez-en dans une lettre à votre frère ou votre sœur.

Notes sur le film

_____

Prompt 2

Directions: Read the text *Chien maigre et chien gras* on page 143 of your textbook, and write a blog entry in French on the topic below. It should be no less than 100 words.

Qu'est-ce que ce récit vous apprend sur la condition humaine et sur la justice? Est-ce qu'on peut changer le fait qu'«il y aura toujours une justice des riches et une justice des pauvres»? Avez-vous déjà été témoin (*witness*) d'une injustice quelconque? Quand? Envers qui? Parlez-en sur votre blog.

Notes sur la littérature

_____

© by Vista Higher Learning. All rights reserved.

Leçon 4 Integrated Writing — 77

Prompt 3

Directions: Write an article in French of no less than 200 words on the topic below.
Review the film *La révolution des crabes* and reread the text *Chien maigre et chien gras*
to get ideas for your article.

Comment ces deux œuvres démontrent-elles la réalité sociale et l'actualité politique? Est-ce
que le message qui y est présenté est toujours vrai de nos jours? Faites une comparaison en
donnant (*by giving*) des exemples précis.

Notes pour la rédaction

_____

_____

_____

_____

_____

_____

_____

_____

_____

_____

_____

_____

_____

_____

_____

_____

_____

_____

_____

Integrated Writing

Prompt 1

Directions: Watch the short film *Samb et le commissaire*, and write an e-mail in French to a friend on the topic below. It should be no less than 100 words.

Est-ce qu'il y a quelqu'un dans votre milieu qui a les mêmes préjugés que le commissaire? Qu'est-ce que vous en pensez? Parlez-en à votre ami(e).

Notes sur le film

_____

_____

_____

_____

_____

Prompt 2

Directions: Read the text *Le marché de l'espoir* on pages 178–181 of your textbook, and write a story in French on the topic below. It should be no less than 100 words.

Connaissez-vous ou avez-vous entendu parler de quelqu'un comme Yaba qui a montré un esprit courageux dans l'adversité? Comment est-ce que cette personne a amélioré sa propre vie et celle des autres? En quoi l'histoire de cette personne ressemble-t-elle à celle de Yaba?

Notes sur la littérature

_____

_____

_____

_____

_____

_____

Integrated Writing

Prompt 3

Directions: Write a journalistic report in French of no less than 200 words on the topic below. Review the film *Samb et le commissaire* and reread the text *Le marché de l'espoir* to get ideas for your report.

Faites une comparaison entre ce que vous venez de lire et voir et ce que vous observez actuellement dans la société. Est-ce qu'il y a beaucoup d'injustices contre un certain groupe de personnes? Quel groupe? Pourquoi? Dans une époque de mondialisation, est-ce que les immigrés seuls ont la responsabilité de s'adapter? Justifiez votre point de vue avec des exemples précis.

Notes pour la rédaction

_____

_____

_____

_____

_____

_____

_____

_____

_____

_____

_____

_____

_____

_____

_____

_____

_____

_____

Integrated Writing

Prompt 1

Directions: Watch the short film *De l'autre côté*, and write an e-mail in French to a friend on the topic below. It should be no less than 150 words.

Comme Samir ou ses parents, est-ce qu'il vous est arrivé de ne plus vous entendre de la même façon avec la famille après un certain temps d'éloignement (*separation*)? Écrivez une carte postale à un(e) ami(e) décrivant (*describing*) ce qui a changé et pourquoi vous avez du mal dans vos relations avec quelqu'un de la famille.

Notes sur le film

_____

_____

_____

_____

Prompt 2

Directions: Read the text *La logique des grands* on pages 217–219 of your textbook, and write an entry in French on your personal website on the topic below. It should be no less than 150 words.

Est-ce que ce récit vous rappelle des expériences similaires dans votre vie ou dans la vie de vos amis? Comment? Est-ce que vos parents ont déjà regretté de vous avoir imposé leur volonté? Décrivez en détail ce qui s'est passé.

Notes sur la littérature

_____

_____

_____

_____

Integrated Writing

Prompt 3

Directions: Write an essay in French of no less than 250 words on the topic below. Review the film De *l'autre côté* and reread the text *La logique des grands* to get ideas for your essay.

Comparez les rapports entre les parents et les enfants dans les deux œuvres. Est-ce que ces relations évoluent avec le temps? Pourquoi? D'après vous, comment peut-on briser le mur entre les générations?

Notes pour la rédaction

_____

_____

_____

_____

_____

_____

_____

_____

_____

_____

_____

_____

_____

_____

_____

_____

_____

_____

Integrated Writing

—

Nom _____ Date _____

Leçon 7

Prompt 1

Directions: Watch the short film *Le Manie-Tout*, and write a story in French for the school newspaper on the topic below. It should be no less than 150 words.

En quoi est-ce que ce film vous fait penser à votre propre enfance? Avez-vous déjà vécu une expérience inoubliable comme celle de Martin? Expliquez.

Notes sur le film

_____
_____
_____
_____

Prompt 2

Directions: Read the text *Solitude numérique* on pages 254–255 of your textbook, and write a column in French for a teen magazine on the topic below. It should be no less than 150 words.

Que pensez-vous de la situation entre Régis et Martine? Qui a raison? Est-ce que les divertissements tels que les jeux vidéo et les jeux sur Internet, ainsi que les nouvelles technologies ont complètement envahi la vie des jeunes? Justifiez votre point de vue.

Notes sur la littérature

_____
_____
_____
_____
_____

Integrated Writing

Prompt 3

Directions: Write a speech in French of no less than 250 words for a youth conference on the topic below. Review the film *Le Manie-Tout* and reread the text *Solitude numérique* to get ideas for your speech.

Quel rôle la technologie joue-t-elle dans le film? Et dans le texte? Faites une comparaison entre les deux. On dit parfois que la technologie déshumanise. Êtes-vous d'accord ou non avec cette idée? Discutez-en en vous servant (*by using*) d'exemples précis.

Notes pour la rédaction

_____

_____

_____

_____

_____

_____

_____

_____

_____

_____

_____

_____

_____

_____

_____

_____

_____

_____

_____

_____

Integrated Writing

Prompt 1

> **Directions:** Watch the short film *Le ballon prisonnier*, and write a note in French to your friend on the topic below. It should be no less than 150 words.

Est-ce que ce film reflète bien l'attitude des parents pendant une compétition à laquelle leur enfant participe? Quel effet a une telle attitude sur les enfants? Écrivez une note à un(e) ami(e) stressé(e) à cause de ses parents et rassurez-le/la.

Notes sur le film

_____

_____

_____

_____

_____

Prompt 2

> **Directions:** Read the story *Le football* on pages 291–293 of your textbook, and write an anecdote in French on the topic below. It should be no less than 150 words.

En quoi les personnages de cette histoire ressemblent-ils à vos propres copains quand vous étiez petit(e)? Quels étaient les caractéristiques particulières de chacun d'eux? Racontez une anecdote drôle de votre enfance à propos de (*about*) vos copains.

Notes sur la littérature

_____

_____

_____

_____

_____

Integrated Writing

Prompt 3

Directions: Write an article in French of no less than 250 words on the topic below. Review the film *Le ballon prisonnier* and reread the story *Le football* to get ideas for your article.

Comparez le rôle du football comme simple divertissement par rapport à (*compared to*) un sport compétitif dans l'histoire et le film. Est-ce que vos parents vous ont déjà poussé à pratiquer une activité spécifique ou avez-vous toujours eu le choix de vos passe-temps? Expliquez.

Notes pour la rédaction

_____

_____

_____

_____

_____

_____

_____

_____

_____

_____

_____

_____

_____

_____

_____

_____

_____

_____

_____

_____

Integrated Writing

Prompt 1

Directions: Watch the short film *Bonne nuit*, Malik, and write an e-mail in French to your friend on the topic below. It should be no less than 150 words.

Connaissez-vous quelqu'un dans votre entourage qui, comme Malik, a un problème au travail? Comment le vit-il/elle? Que feriez-vous à sa place? Expliquez.

Notes sur le film

_____

_____

_____

_____

_____

Prompt 2

Directions: Read the article *Profession libérale* on pages 328–329 of your textbook, and write a diary entry in French on the topic below. It should be no less than 150 words.

Quelle carrière désirez-vous avoir plus tard? Êtes-vous plutôt attiré(e) vers un métier où on travaille en groupe ou préféreriez-vous être plus indépendant(e)? Expliquez votre point de vue.

Notes sur la littérature

_____

_____

_____

_____

_____

_____

_____

Integrated Writing

Prompt 3

> **Directions:** Write an essay in French of no less than 250 words on the topic below.
> Review the film *Bonne nuit, Malik* and reread the article *Profession libérale* to get ideas
> for your essay.

Il y a plusieurs façons de réussir sa vie professionnelle et la définition même de «la
réussite» est individuelle: gagner beaucoup d'argent, exercer un métier intéressant ou
être indépendant. Est-ce que le frère de Malik et le narrateur du texte ont réussi leurs vies
professionnelles? En quoi la réussite consiste-t-elle pour vous? Expliquez.

Notes pour la rédaction

_____

_____

_____

_____

_____

_____

_____

_____

_____

_____

_____

_____

_____

_____

_____

_____

_____

Integrated Writing

Prompt 1

Directions: Watch the short film *L'homme qui plantait des arbres*, and write a blog entry in French on the topic below. It should be no less than 150 words.

Quelle morale tirez-vous de l'histoire de la vie d'Elzéard Bouffier? Est-ce qu'il y a beaucoup de gens comme lui dans le monde? Est-ce que ce récit vous a inspiré(e)? Comment?

Notes sur le film

_____

_____

_____

_____

_____

Prompt 2

Directions: Read the poem *Baobab* on page 365 of your textbook, and write a diary entry in French on the topic below. It should be no less than 150 words.

Comme le poète, vous identifiez-vous à un objet ou à un élément de la nature? Lequel? Quelles sont les caractéristiques de cet objet qui vous attirent? Expliquez votre choix en décrivant tous ses traits.

Notes sur la littérature

_____

_____

_____

_____

_____

_____

_____

Integrated Writing

Nom _____ **Date** _____

Prompt 3

Directions: Write a report in French of no less than 250 words on the topic below. Review the film *L'homme qui plantait des arbres* and reread the poem *Baobab* to get ideas for your report.

Quelle relation voit-on entre l'homme et la nature dans les deux œuvres? De nos jours, est-ce qu'on estime la nature et l'environnement de la même façon? Que doit-on faire pour sauvegarder notre environnement?

Notes pour la rédaction

_____
_____
_____
_____
_____
_____
_____
_____
_____
_____
_____
_____
_____
_____
_____
_____
_____
_____

Integrated Writing